Ven a Mi Casa
Una Búsqueda de Tesoro Multicultural

Un Libro de la Serie "Kids Bridge"
Museo de Niños, Boston

Esta serie de libros está basada en la exhibición titulada El Puente de Niños ("Kids Bridge") creada por Joanne Jones-Rizzi y Aylette Jenness. La misma fue diseñada para ayudar a los niños a entender y apreciar la diversidad cultural y trabajar contra el prejuicio y la discriminación. El equipo de la exhibición: Fabiana Chiu, Brad Larson, Dan Spock, John Spalvins, Signe Hanson, y Dorothy Merrill.

por Aylette Jenness

Ilustrado y diseñado por Laura DeSantis
Fotografías por Max Belcher
Cuadros de video por D'Arcy Marsh
Traducción al español por Zulma Ortiz-Fuentes

THE NEW PRESS
New York, NY

2

A Terri, Abdus, Annie, y Marco,
quienes abrieron sus puertas y
compartieron sus vidas con nosotros.

3

THE NEW PRESS
New York, NY

Publicado en los Estados Unidos por The New Press, New York
Distribuido por W. W. Norton & Company Inc.
500 Fifth Avenue, New York, NY 10110

LC 93-083997

ISBN 1-56584-118-2

Primera edición
Diseñado por Laura DeSantis

The New Press fue establecida en 1990 como una alternativa principal a las
casas editoriales grandes y comerciales. Tiene como propósito ser la primera
editorial de libros norteamericana sin fines de lucro de mayor alcance fuera de
las editoriales universitarias. La filosofía editorial de The New Press está
dirigida a servir el interés público, y no para alcanzar ganancias privadas; su
compromiso es publicar de formas innovadoras obras de valor educativo,
cultural, y comunitario, que normalmente no serían consideradas
"comercialmente viables" a pesar de sus méritos intelectuales.

Reconocimientos

Docenas de personas de las comunidades de Boston y del Museo de Niños trabajaron en la exhibición El Puente de Niños y así hicieron contribuciones invalorables a esta serie de libros: los libros, como la exhibición, son proyectos verdaderamente colaborativos.

En particular quisiera reconocer las contribuciones principales de:

Joanne Jones-Rizzi, quien promueve el pluralismo con una dedicación profunda

Patricia Steuert, quien durante los últimos veinte años ha estado a la vanguardia del multiculturalismo en el Museo de Niños

Diane Wachtell, nuestra editora imaginativa en The New Press

Las siguientes personas ofrecieron críticas y sugerencias importantes sobre el manuscrito y el diseño:

Abdus Muhammad, Annie Powell, Marco Torres, Terri Say, y sus familias; Dorothy Merrill, Sylvia Sawin, Jeri Robinson, Kathryn Jones, María Cabrera, Linda Warner, Dolores Calaf y Masa Sato.

La exhibición El Puente de Niños fue apoyada generosamente por:

Jessie B. Cox Charitable Trust

The Boston Foundation

Lotus Development Corporation

Digital Equipment Corporation

The Riley Foundation

The Xerox Foundation

Apple Computers, Inc., Community Affairs

The Foley, Hoag y Eliot Foundation

¡Hola! Yo soy Aylette, a la izquierda. A mi lado está Joanne, mi amiga y compañera de trabajo. Esta historia nació de algunas aventuras que tuvimos al producir un video con un grupo de niños y adultos en nuestra ciudad, Boston, Massachusetts.

Nuestra área resultó estar llena de vecindarios y tesoros interesantes que queremos compartir contigo. Probablemente encontrarás lo mismo en tu área, y te daremos algunas ideas sobre cómo explorar tu ciudad. También encontrarás ideas para hacer tu propio video.

Bueno, aquí tienes a tus guías para los viajes que vas a hacer — Abdus, Annie, Marco, y Terri. Ellos viven en cuatro vecindarios diferentes, y te llevarán a cada uno de ellos para buscar algunas cosas muy especiales. Pero tendrás que encontrar los tesoros por ti misma/o.

Aquí tienes un consejo para ayudarte en tu búsqueda: Asegúrate de ir a las páginas que te indican los niños, así no te perderás.

¿Estás listo/a? ¿Con quién te quieres ir primero?

"Hola. ¿Quieres venir a mi vecindario a probar rambutan? Yo soy Terri, Y rambutan es una fruta dulce que nos gusta a algunos de nosotros los camboyanos. Me encontrarás en la página 8."

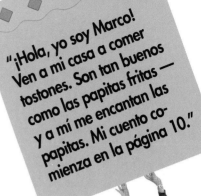

"¡Hola, yo soy Marco! Ven a mi casa a comer tostones. Son tan buenos como las papitas fritas — y a mí me encantan las papitas. Mi cuento comienza en la página 10."

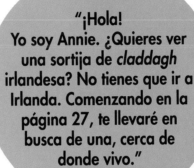

"¡Hola! Yo soy Annie. ¿Quieres ver una sortija de *claddagh* irlandesa? No tienes que ir a Irlanda. Comenzando en la página 27, te llevaré en busca de una, cerca de donde vivo."

Y no te pierdas el final del libro. Puedes:

- Contestar preguntas acerca de los niños, p. 42.

- Pensar acerca de ti y tu vecindario en la página 43.

- Adquirir ideas para explorar nuevos vecindarios en la página 44.

- Aprender cómo hacer un video, página 46.

- Buscar el significado de palabras nuevas, la página 48.

"¡Oye! Ven conmigo, Abdus, a mi vecindario. Podemos conseguir un medallón africano como el mío. Espérame en la página 34."

"Hola, yo soy Terri. ¿Conque quieres encontrar un poco de *rambutan*? Si quieres saber dónde encontrarlo y cómo hacerlo, ven conmigo. Hicimos un video de muchos camboyanos, como yo, que viven en mi vecindario. Aquí tenemos tiendas especiales que venden cosas a las que estamos acostumbrados y que no se consiguen en ningún otro lugar."

"¿Dónde quieres buscar primero?"

"Este es un lugar donde los camboyanos pueden ir para conseguir ayuda e información. Entérate en la página 21."

"Aquí está mi restaurante favorito. Hacen comida camboyana bien buena — y comida china también. Puedes encontrarlo en la página 40."

"En el Mercado Angkor Wat conseguimos toda clase de cosas camboyanas. Puedes buscar el rambutan en esta tienda en la página 24."

"Esta es una bodega en mi vecindario. Si quieres buscar el rambutan aquí, pasa a la página 38."

"Hola, yo soy Marco. ¿Quieres saber qué son tostones? Tostones son plátanos fritos. Hicimos un video en mi vecindario y en mi casa para que puedas ver lo que son, y para que aprendas a hacerlos. Tú puedes hacerlos — es fácil. Y son ricos."

"Primero, quiero contarte de este lugar. Estamos en la plaza de Villa Victoria — es el complejo de viviendas donde vivo. Detrás de mí hay un mural que fue pintado por alguna gente de Villa Victoria para celebrar nuestra herencia puertorriqueña. Puedes ver algo de la naturaleza hermosa que tenemos en Puerto Rico, uno de nuestros héroes, y — ¿quién es esta persona? Me imagino que ya sabes quién es ella."

"Villa Victoria es un buen lugar para vivir — y no sólo para los latinos. Tenemos un edificio de apartamentos para personas mayores que provinen de diferentes culturas. Aquí en la plaza, mucha gente se sienta a hablar cuando hace calor."

os padres de Marco son de Puerto Rico, una isla caribeña que es parte de los Estados Unidos. Como muchos puertorriqueños, él y su familia han viajado entre Puerto Rico y Boston en varias ocasiones. El tiene familiares en ambos lugares, y siente que, de alguna manera, los dos lugares son su "casa."

★ **PUERTO RICO** ★

Tal vez te estés preguntando — ¿quiénes son la gente "latina" de la que habla Marco? Son todas las personas que hablan español que viven en Boston — originalmente vinieron de Puerto Rico, Cuba, El Salvador, México — y muchos otros países del Caribe y de Centro y Sur América. Y sus culturas se diferencian unas de las otras de muchas maneras.

¿Hay gente latina en tu área? Pregúntale a tu familia o a tu maestra/o. El sistema escolar en tu ciudad probablemente sabe dónde viven los niños latinos, y a qué grupos culturales pertenecen.

"Ahora vamos al mercado."

"Hola, Marco. ¿Qué estás buscando?" pregunta Ismael, el dueño de la tienda.

"Estoy buscando plátanos. Vamos a hacer tostones."

"Bueno. Los plátanos están en la parte de atrás."

"Esta tienda tiene muchas cosas. ¿Puedes encontrar los plátanos?"

"Aquí están. Ves, se parecen a los guineos, sólo que son más grandes. También, son más duros. Ahora, vamos a casa con ellos. Mi mamá los cocinará."

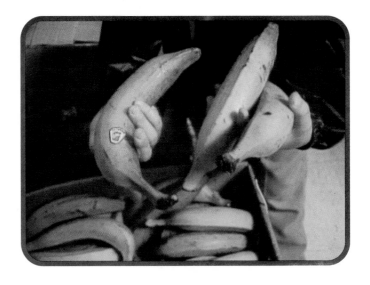

"Mamá, ¿puedes hacer tostones?" pregunta Marco. "¿Que dijiste?" dice ella despacio.

"¿Por favor?" "OK," dice Carmen, su mamá. "Los haremos juntos."

1

"Mira," dice Carmen, "así es cómo se hacen. Primero, le quito la cáscara a los plátanos."

2

"Entonces los corto en rebanadas. Tengo que tener cuidado con el cuchillo."

3

"Entonces los pongo con mucho cuidado en aceite bien caliente y los frío hasta que están blanditos por dentro y doraditos por fuera."

"Para ver si están bien cocidos, saco uno y le hago la prueba con un tenedor. A veces, pruebo uno."

15

Marco

4

"Ahora, Marco, pones cada uno en la tostonera, y los aplastas bien — así mismo, ¡aprieta! Si no tuviéramos una tostonera, podríamos usar la parte de abajo de una botella o una jarra."

5

"Ahora los estoy cocinando otra vez — y después de escurrirlos en papel toalla y echarles un poco de sal, están listos."

"¡Saben ricos! Y tú los puedes hacer siguiendo lo que nosotros hicimos. ¡Inténtalo! Pero siempre debes hacerlo con un adulto
— tienes que tener mucho cuidado con los cuchillos afilados y el aceite caliente."

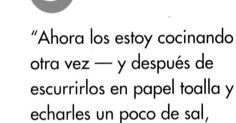

La Hora de la Merienda

Tal vez puedas encontrar plátanos en uno de los supermercados grandes de tu ciudad, pero es más divertido explorar los mercados latinos. Trata de encontrar uno. De seguro que también encontrarás algunas frutas y jugos tropicales deliciosos. Aquí tienes una bebida que puedes hacer para acompañar tus tostones.

Batidas

Necesitarás:
una licuadora
fruta fresca: piña, guineos, mangos, o naranjas
leche o agua
hielo

Corta la fruta en pedazos pequeños y mézclala con leche o agua en la licuadora hasta que todo esté suave y espumoso. Échalo en un vaso sobre hielo.

Es lo mejor que le puedes servir a tus amigos, especialmente en el verano.

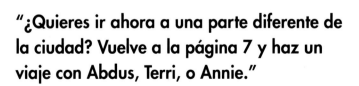

"¿Quieres ir ahora a una parte diferente de la ciudad? Vuelve a la página 7 y haz un viaje con Abdus, Terri, o Annie."

17

Marco

La Noción Nubiense

"¡Buena selección! Esta es una tienda exce-
lente — tiene toda clase de cosas sobre
Africa y los africanos-americanos."

"¿Tienen medallones africanos?"

"Claro que sí — están en una de esas cestas," contesta Yvonne, la vendedora.

"OK, te toca a tí. ¡Adivina cuál cesta!"

"Aquí está, a la izquierda. ¿Escogiste la que era? ¡Míralas todas! La mía tiene un mapa de Africa encima; para mí lo negro representa a las personas negras como yo, lo verde es la tierra africana, y lo rojo es la sangre de la raza."

"Si aún no has explorado el Museo del Centro Nacional para Artistas Afro-Americanos, o el Bosque Tropical Africano, puedes volver a las páginas 22 y 36."

"O puedes regresar a la página 7 para buscar algo distinto en un vecindaro diferente — con Annie, Marco, o Terri. ¡Que lo pases bien!"

Servicios Angkor

"¿Sabe dónde podríamos encontrar *rambutan*?"

Mong Keo contesta, "¡Esta es la primera vez que me piden esa información! Nosotros ayudamos a los camboyanos a traducir cosas que necesitan leer, y tratamos de ayudarlos a encontrar apartamentos — ese tipo de cosas. Pero creo que te puedo decir dónde encontrar *rambutan* — trata el Mercado Angkor Wat que está un poco más adelante."

¿Qué tal si . . .?

Imagina que te has mudado a un nuevo país donde no puedes hablar ni leer el idioma y donde todo te es extraño.

Piensa sobre algunas de las cosas "sencillas" que no podrías hacer:

● **No podrías leer los rótulos de las calles, ni ninguna otra cosa.**

● **No podrías pedir las cosas en una tienda.**

● **No sabrías cómo moverte en un vecindario — y mucho menos ir a otros vecindarios.**

● **Y la escuela probablemente sería completamente diferente de tu escuela anterior — y claro, todos los niños te serían extraños.**

Probablemente te alegraría encontrar a alguien de tu propio país que te pueda ayudar a entender las cosas.

"Por lo visto, tendrás que volver a la página 9 y tratar otro lugar."

21

Terri

Museo del Centro Nacional para Artistas Afro-Americanos

"Aquí estamos frente al Museo del Centro Nacional para Artistas Afro-Americanos. ¡Es un nombre tan serio! En realidad, es un lugar muy serio; muestran pinturas y otras obras artísticas de personas de color, como yo. ¿No te parece increíble esta escultura? Está hecha de bronce y se titula 'Presencia Eterna.'"

"Vamos a visitar la tienda del museo para que veas si tienen medallones."

Si Abdus es un niño de los Estados Unidos, ¿por qué tanta discusión acerca de Africa?

Como otras personas, muchos africanos-americanos sienten gran orgullo de su herencia cultural. Sus antepasados africanos fueron capturados y traídos a este país como esclavos hace casi cuatrocientos años. Fueron arrancados de sus hogares, sus familias, sus líderes, sus trabajos, sus artes. No se les permitió llevar casi nada consigo excepto lo que llevaban dentro de sus cabezas. Sus recuerdos eran fuertes, y se esforzaron, muchas veces en contra de la voluntad de los dueños de esclavos, por continuar algo de su cultura aquí. Hoy día muchos africanos-americanos tienen un gran conocimiento de las artes y las costumbres de Africa, y esto se ha convertido en una parte importante de su vida aquí. Les recuerda su herencia africana y sus conexiones con los pueblos africanos y sus descendientes alrededor del mundo.

¿Y en cuanto a tí?

¿De dónde son tus antepasados?
¿Cómo llegaron aquí?

¿Puedes encontrar algo en tu hogar que demuestre de dónde vienen tus parientes? Puede ser algún objeto que ha estado en tu familia por generaciones, o puede ser algo que fue comprado porque está conectado a tu herencia cultural — como un utensilio especial para la cocina, o un retrato en la pared. ¡Mira a ver lo que encuentras!

"Todas estas cosas fueron hechas en Africa. Los artistas y artesanos africanos utilizan madera, metal, hierbas, tela — toda clase de objetos — para hacer estas cosas hermosas para vestir, usar, y disfrutar. ¿Ves algún medallón?"

"¡Aquí no hay medallones! Por lo visto tendremos que buscar en otro lugar. ¿Qué te parece si tratamos en la Noción Nubiense en la página 18; o en el Bosque Tropical Africano en la página 36?"

23

Abdus

El Mercado Angkor Wat

"OK, ahora te voy a decir, creo que en esta tienda sí hay *rambutan*. Aquí venden mantas y ropa y utensilios de cocina y frutas frescas y pescado y vegetales — casi todo lo que nosotros los camboyanos usamos."

"Bueno, ¿puedes encontrar el *rambutan*?"

"¿Ves el incienso? Usamos esto en nuestro templo, o en un altar en casa — somos budistas. Huele bien, como rosas, jazmín, y otras clases de flores. Y aquí hay una estatua pequeña de Buda. Estos platos fueron hechos en China. Esa fruta espinosa se llama *durian*."

"¿Ves el *rambutan*?

Vamos a la casa de mi tía para prepararlo
— ella vive cerca de aquí."

"El *rambutan* tiene una cáscara dura.
Primero lo cortamos, y luego le quitamos la
cáscara. La fruta adentro es suave y dulce."

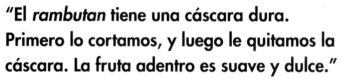

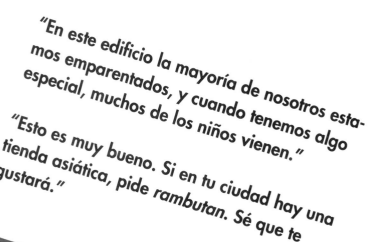

"En este edificio la mayoría de nosotros estamos emparentados, y cuando tenemos algo especial, muchos de los niños vienen."

"Esto es muy bueno. Si en tu ciudad hay una tienda asiática, pide rambutan. Sé que te gustará."

"Si no viste algunas de las tiendas en mi vecindario, mira en las páginas 21, 38, y 40."

"O vuelve a la página 7 para encontrar más cosas interesantes en otros vecindarios. En cuanto a mí, voy a conseguir una hamburguesa — ¡todavía tengo hambre!"

"Hola, yo soy Annie. Me alegro que me hayas encontrado. Mis abuelos vinieron de Irlanda, y por mucho tiempo he querido una sortija de *claddagh* irlandesa. Así es como son las sortijas. Hicimos un video del recorrido que hice por mi vecindario en busca de una de ellas. Me alegro que quieras venir conmigo. De paso, si dices '*claddagh*' en voz alta, no pronuncies la 'gh' — se pronuncia 'clad-a'. ¿Entiendes?"

ANNIE

"Tengo que pasar por mi casa antes de irnos de compra. Podrás conocer a mi familia."

"Hola, Annie," dice su mamá. "¿Qué haces?"

"Hola, Mami, hola, Papi, hola, David," dice Annie. "He ahorrado suficiente dinero, y quiero ir a comprar mi sortija de *claddagh*. Hoy. Ahora mismo."

"Oh, oh," dice su papá. "Tal vez ahora sabremos si tienes un novio secreto. Sabes, si te pones la sortija de *claddagh* con la punta del corazón hacia ti, quiere decir que tienes un enamorado, y si está en la dirección opuesta, significa que no."

"No le hagas bromas, papá," dice su mamá. "Annie, puedes ir hoy, pero primero quiero que me hagas un mandado. Esta mañana cuando fui a misa, el Padre Burns me dijo que ahora mismo hay treinta personas en el albergue para personas desamparadas. Quiero que compres pan y que se lo lleves a ellos a la Iglesia San Ambrosio."

"OK, Mamá," contesta Annie. "Iré a la Corteza Céltica — ellos tienen el mejor pan. Y puedo saludar a mi amiga Caroline."

"Ojalá pudieras oler este lugar — es delicioso. Aquí hay toda clase de panes y pasteles irlandeses."

"Hola, Annie, ¿En qué te puedo ayudar?" pregunta Caroline.

"Hola, Caroline. ¿Me das cuatro panes oscuros irlandeses? Caroline, hoy voy a comprarme una sortija de *claddagh*, por fin tengo suficiente dinero. ¿Tienes una?"

"Sí, tengo una," dice Caroline. "La conseguí en la Feria de las Tarjetas. Me encanta."

"Caroline, tienes el corazón apuntando hacia ti. ¿Significa eso que tienes novio?"

"¡Jamás lo diré!" contesta Caroline con una sonrisa.

"Padre Burns, traje pan para las familias que están en el albergue."

"Gracias, Annie," dice el Padre Burns. "Es muy apropiado que hayas traido pan, porque la lectura de la misa de esta tarde fue sobre Jesús dándole de comer a los que tenían hambre — y aún hoy tenemos a muchas personas con hambre en nuestra ciudad. ¿Y ahora qué vas a hacer?"

"Voy para la tienda la Feria de las Tarjetas a comprarme una sortija de *claddagh*."

"Ah," dice el Padre Burns sonriéndose, "ahora nos enteraremos si tienes novio."

"Oh, Padre," contesta Annie, "sabrá, yo no estoy tan interesada en novios. Después de todo, tengo tantas otras cosas en mi mente."

"Esta es la tienda la Feria de las Tarjetas. A los irlandeses-americanos, como yo, nos gusta comprar aquí porque hay muchas cosas especiales de Irlanda. Ahora veamos si podemos conseguir una sortija de *claddagh*."

31

Annie

"¿Puedo ver una sortija de *claddagh*?" pregunta Annie.

"Con mucho gusto," contesta Eileen, la vendedora. "Tenemos sortijas de *claddagh* en oro, y tenemos sortijas de *claddagh* en plata. ¿Conoces la vieja historia de las sortijas de *claddagh*?"

Annie indica que no con la cabeza. "Pues, hace mucho tiempo, cuando había escasez de comida en Irlanda, el esposo dejaba a su esposa e hijos en Irlanda para buscar una vida mejor en América. El hombre le daba a su esposa una sortija de *claddagh,* y ella le daba a él una sortija de *claddagh.* El corazón significa amor, las manos significan amistad, y la corona significa lealtad. Corazones y manos a través del océano."

"Hoy tiene un significado diferente. Veo que te has puesto la sortija con el corazón apuntando hacia ti. ¿Tienes novio?"

Annie contesta con una sonrisa, "¡Jamás lo diré!"

¿Qué hay detrás de la vieja historia sobre la sortija de *claddagh*?

Durante los últimos cuatrocientos años, los irlandeses han estado llegando a los Estados Unidos. Ellos, como la mayoría de los inmigrantes, han venido por diferentes razones, y como otros inmigrantes, algunos de ellos pasaron momentos difíciles cuando llegaron.

IRLANDA

Ahora que tantos irlandeses-americanos tienen buenos trabajos y se han establecido cómodamente aquí, esto es difícil de imaginar. En Boston, por ejemplo, muchos irlandeses han llegado a ser políticos y otros líderes importantes. Y claro, el Presidente John F. Kennedy, era irlandés-americano.

Si tu familia llegó aquí de otro país hace mucho tiempo, tal vez quieras averiguar cómo fueron tratados cuando llegaron. Y cuando conozcas nuevos inmigrantes, puedes pensar sobre cómo están siendo tratados ahora. ¿Tienen dificultad para encontrar trabajo? ¿Son tratados mal por algunas personas? Todos podemos trabajar para que los nuevos americanos se sientan bienvenidos y cómodos aquí, como muchos de nosotros nos sentimos ahora.

La historia de la sortija de *claddagh* que Eileen le contó a Annie en la tienda la Feria de las Tarjetas se refiere a un período en Irlanda hace más de cien años cuando las cosechas agrícolas — principalmente la papa — no crecían bien. Muchas familias dependían de la papa como su fuente principal de comida, y por lo tanto estaban hambrientos y muchos se murieron de hambre. Esto se llama carestía. Muchas personas vinieron a los Estados Unidos en busca de una vida mejor. A menudo el padre venía primero y trataba de ganar suficiente dinero para sostener a su familia en Irlanda y pagar su viaje a los Estados Unidos. Pero aquí algunas personas trataron muy mal a los irlandeses. Algunas personas que estaban empleando trabajadores colgaban letreros que decían, "Irlandeses No Deben Solicitar," porque estaban prejuiciados y no les gustaban los trabajadores irlandeses.

"OK, has encontrado mi sortija, pero no mi secreto. Ahora regresa a la página 7 y Marco, Abdus, o Terri te llevarán a buscar un tesoro diferente."

33

Annie

"Hola. Conseguí mi medallón aquí en mi vecindario. Puedes encontrar un medallón en uno de los tres lugares que filmamos en video
— ¿Adivinas cuál?"

"Este es el Museo del Centro Nacional para Artistas Afro-Americanos. Si quieres ver las cosas que hay en la tienda, pasa a la página 22."

"¿Crees que el Bosque Tropical Africano en el Zoológico de Boston sería un buen lugar? Ve a la página 36."

"Puedes visitar una tienda llamada la Noción Nubiense — la encontrarás en la página 18."

Bosque Tropical Africano

"Aquí estoy en la exhibición del Bosque
Tropical Africano en el Zoológico de Boston
— y está justo en mi vecindario, Roxbury.
Hacer un video aquí es una cosa increíble —
se parece y huele y suena como un lugar
tropical de verdad — ¡y mira estos animales!
¿Puedes ver el hipopótamo? Pienso que así
es cómo debe ser la jungla en Africa."

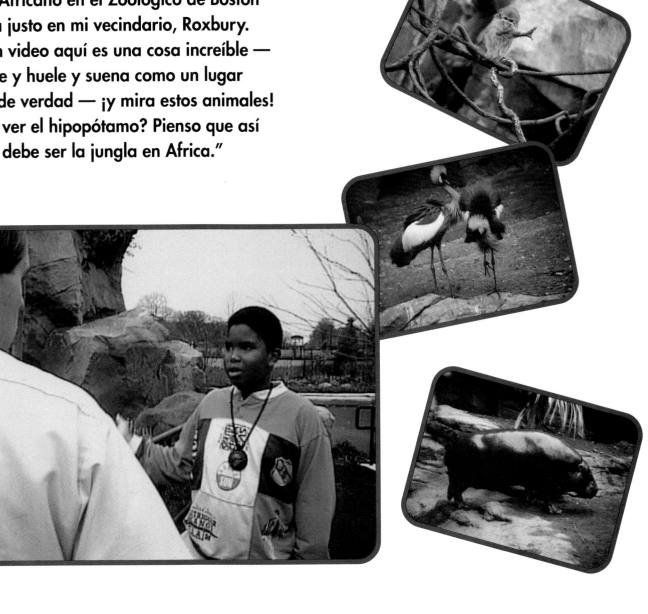

¿Crees que Africa es toda una jungla?

La verdad es que menos de una décima parte de Africa es un bosque tropical. ¡Africa contiene desiertos y praderas y hasta cumbres montañosas cubiertas de nieve! La gente tiene muchas ideas confusas acerca de Africa. ¿Sabías que en Africa hay muchas ciudades del tamaño de ciudades en los Estados Unidos? Brazzaville en el Congo y Nairobi, Kenya, tienen alrededor de medio millón de habitantes — casi el tamaño de Boston. Mamputo, Mozambique, tiene más de 750,000 habitantes, al igual que Baltimore, Maryland. Y más de un millón de personas viven en Lagos, Nigeria, y en San Diego, California. En Africa existen rascacielos, y edificios de apartamentos, su-burbios, y granjas. De hecho, muchos africanos tienen casas y escuelas que probablemente son muy pareci-das a las nuestras.

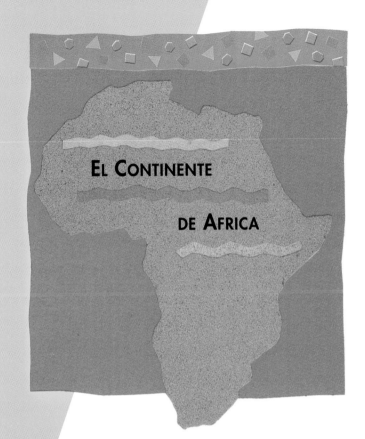

EL CONTINENTE DE AFRICA

"Parece que esta vez te engañé un poco — todo está relacionado a Africa, pero aquí no venden medallones africanos. ¿Por qué no tratas el Museo del Centro Nacional para Artistas Afro-Americanos en la página 22 o la Noción Nubiense en la página 18."

La Cocina Kosher de Myer

"Aquí estamos en la Cocina Kosher de Myer. Vamos a ver lo que encontramos."

"Hola. ¿Venden *rambutan*?"

"No tenemos *rambutan* — éste es un mercado kosher," contesta Gary Kaplan con una expresión de sorpresa. "Tenemos una variedad de comidas judías — tenemos *knishes,* que son como unas empanadas rellenas de carne o papas, tenemos *kishka,* que es como una salchicha, y tenemos repollo relleno. Sí tenemos un relleno al estilo chino — pero tendrás que buscar *rambutan* en otro lugar."

Terri

❶ nmigrantes del Sureste de Asia: Algunos de los Inmigrantes más Recientes

Los inmigrantes del Sureste de Asia han estado llegando a los Estados Unidos por casi veinte años desde Vietnam, Cambodia, y Laos. Han dejado sus tierras porque las guerras en sus países han sido muy terribles.

Muchos tuvieron que dejar sus hogares con muy poco dinero y pocas pertenencias personales. A veces ni las familias podían permanecer juntas. Aquí en los Estados Unidos están trabajando mucho para establecerse, aprender inglés, conseguir trabajos, aprender sobre este país, y mantener viva su propia cultura. Ahora que tantos inmigrantes del Sureste de Asia viven aquí, podemos aprender acerca de sus artesanías hermosas, sus juegos y comidas, su música, sus danzas, y su forma de vida. Ellos tampoco son un solo grupo cultural — son vietnamitas, camboyanos, laosianos, kmu, y hmong, cada uno con diferentes lenguas y estilos de vida.

"¿Hay inmigrantes del Sureste de Asia en tu comunidad?"

❷ Un Mercado Judío en un Vecindario Camboyano?

Diversos grupos étnicos se han establecido en el vecindario de Terri a través de los años. Este mercado judío es un recuerdo de una época cuando la mayoría de la gente que vivía aquí eran judíos. ¿Existen vecindarios en tu ciudad que han acogido a muchos grupos diferentes en distintas épocas?

"La verdad es que te estaba tratando de confundir. Mejor trata la próxima página. O escoge un lugar diferente en la página 9."

39

Terri

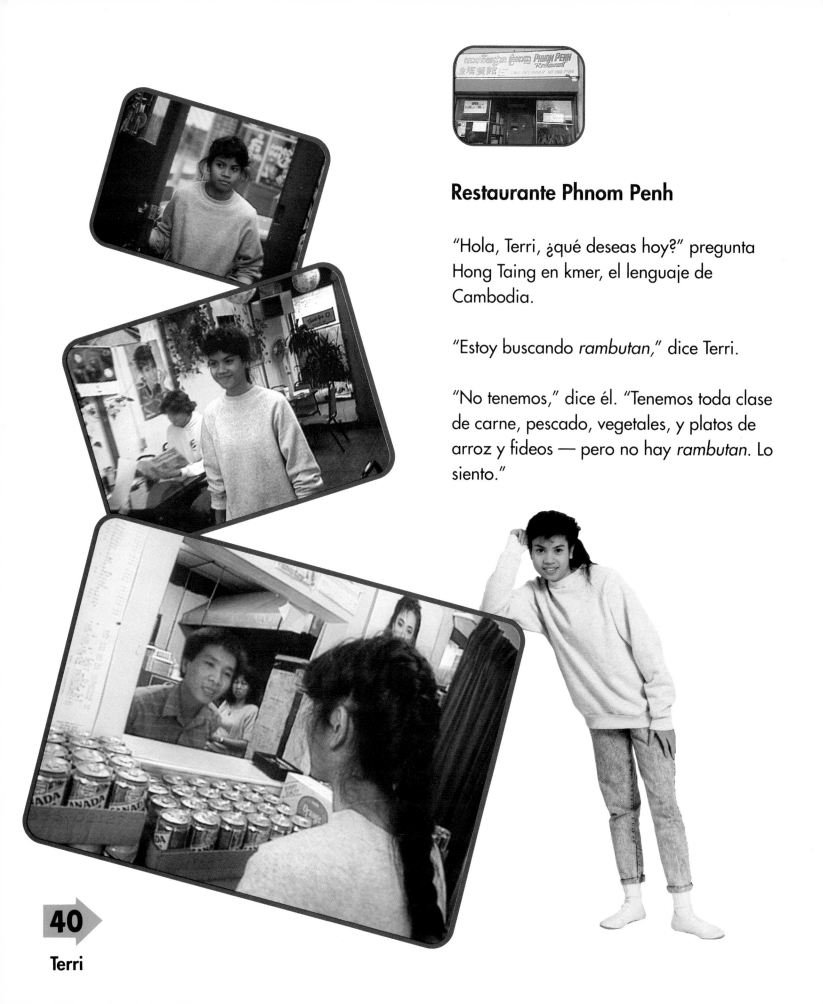

Restaurante Phnom Penh

"Hola, Terri, ¿qué deseas hoy?" pregunta Hong Taing en kmer, el lenguaje de Cambodia.

"Estoy buscando *rambutan*," dice Terri.

"No tenemos," dice él. "Tenemos toda clase de carne, pescado, vegetales, y platos de arroz y fideos — pero no hay *rambutan*. Lo siento."

Aprendiendo un Idioma Nuevo

Cuando Terri llegó a los Estados Unidos hace nueve años, ella no hablaba inglés. Su idioma era kmer. Aprendió el inglés rápidamente hablando con otros niños y estudiando mucho en la escuela. Ahora, ella puede hasta leer y escribir en inglés.

Pero su primera lengua, kmer, sigue siendo importante para ella. Es parte de su cultura, como la comida camboyana que le gusta comer. Ella habla mucho en kmer con su familia y amistades.

Puede ser que cuando escuchas a gente a tu alrededor que habla un idioma que no conoces, te imaginas que están hablando de ti, o diciendo algo que no quieren que tú entiendas. Pero lo más seguro es que sólo están hablando de las mismas cosas que tú hablas con tus amigos y familia.

Adivina cuántos idiomas se hablan en el área alrededor de Boston: ¿5? ¿31?, ¿95? ¿17? ¡La contestación es 17! ¿Cuántos idiomas crees que se hablan en tu área? Probablemente te puedes enterar en tu escuela.

¿Hablas más de un idioma? Si estás estudiando un idioma nuevo en la escuela, ya sabes lo difícil que es aprenderlo.

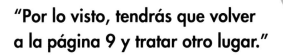
"Por lo visto, tendrás que volver a la página 9 y tratar otro lugar."

41

Terri

¿Crees que conoces bien a Abdus, Annie, Marco y Terri? Aquí hay una prueba para ti.

1. ¿A quién le gustan las papitas fritas?

2. ¿Quién come hamburguesas ocasionalmente?

3. ¿Quién nos mostró cuál personaje de tira cómica?

4. ¿De dónde vinieron las familias, o los antepasados de los niños?

5. ¿Qué familia ha estado aquí más tiempo?

6. ¿Quién llegó recientemente?

7. ¿Quién habla otro idioma además del inglés?

Contestaciones:

1. Marco — y le encantan los tostones también. 2. Terri. ¡Ella no sólo come comida camboyana! 3. Marco: Lucy está en el mural de Villa Victoria. 4. La familia de Annie vino de Irlanda, la de Marco de Puerto Rico, la de Abdus de África, y la de Terri de Cambodia. 5. Los antepasados de Abdus — los africanos fueron traídos a los Estados Unidos como esclavos comenzando en el siglo XVII.6. La de Terri: su familia llegó aquí en la década del 80. 7. Terri habla kmer, aunque se le está olvidando mucho, y Marco habla español.

¿Cuántas sacaste bien?

42

Cuéntanos de ti

¿De dónde vino tu familia antes de establecerse aquí? ¿Tienes comidas especiales? ¿Te vistes con cosas que pertenecen a tu grupo cultural?

¿Cómo es tu vecindario?

El explorar vecindarios es divertido, y puedes comenzar con el tuyo. ¡Puedes encontrar algunas sorpresas! ¿De dónde proviene la mayoría de la gente de tu vecindario? ¿Son del mismo grupo cultural, o son muy diferentes los unos de los otros?

¿Puedes averiguar de qué países vinieron originalmente tus vecinos? ¿Qué idiomas se hablan en tu vecindario? ¿Tienen tus vecinos cosas especiales como la sortija de *claddagh* de Annie y el medallón de Abdus? ¿O alimentos especiales como Terri y Marco?

Explorando Vecindarios Nuevos

¿Alguna vez has explorado vecindarios diferentes del tuyo?

Puede que hayas escuchado que algunos vecindarios en tu pueblo o ciudad son peligrosos u hostiles o aburridos. Estos comentarios pueden ser exagerados. Puedes tener experiencias maravillosas en vecindarios que no conoces si lo haces con cuidado. Aquí tienes algunas ideas:

Siempre planifica las exploraciones con los adultos de tu familia; necesitarás que te ayuden en estas aventuras.

Entrar en un vecindario desconocido es un poco como entrar en la casa de alguien. Es el hogar de las personas que viven ahí. Querrás ser igual de cortés, amistoso, y respetuoso como lo serías cuando entras al hogar de alguien.

La mejor forma de conocer un vecindario es hacer una conexión con personas que viven allí. ¿Tienes un amigo que vive en una parte diferente de tu ciudad? Uds. pueden conocer los vecindarios de cada uno. Si perteneces a un grupo como los exploradores, tal vez puedas reunirte con una tropa en el vecindario que quieres explorar. O tal vez tu escuela puede mantener amigos por correspondencia en una escuela de ese vecindario, y entonces puedes visitarlo. Si perteneces a un programa para después de la escuela, tal vez puedes intercambiar visitas con un programa similar en otro vecindario: puedes invitarlos a tu vecindario y darles un paseo, y tú puedes visitar el de ellos. Tal vez tu iglesia tenga una conexión con una iglesia en otro vecindario.

También puedes entrar a lugares públicos en un vecindario nuevo — como un restaurante, una tienda, o la biblioteca. Puedes averiguar si hay festivales de la vecindad donde se les da la bienvenida a todos. Si entras por primera vez a una tienda o restaurante en un vecindario nuevo, saluda primero. Puedes comentar que no sabes mucho acerca del lugar, pero que deseas aprender. Puedes hacer preguntas de una manera cortés acerca de las cosas que ves; muchas veces a la gente le gusta explicar sobre sus especialidades. Si no quieren hablar mucho, no te preocupes; alguna gente es callada, o puede ser porque tú no hablas su idioma, y ellos no hablan el tuyo. O simplemente están muy ocupados. A veces los niños ayudan a sus familias en tiendas locales, y puedes llegar a conocerlos — de la misma manera que conociste a Abdus, Annie, Terri, y Marco.

Cómo Hacer un Video

El video en este libro fue filmado por profesionales, pero si sabes usar una cámara de video, *tú* puedes hacer un video de los tesoros de tu vecindario o los de otros vecindarios. Esto puede ser un proyecto para la escuela, después de la escuela, o de un club. También, puedes escribir tu propia historia para compartirla con otros niños. Tal vez puedes leer este libro a los niños más pequeños en tu escuela o en el programa para después de la escuela y mostrar tu video y hablar acerca de él.

Aquí hay algunas ideas de D'Arcy Marsh, la persona que dirigió y filmó nuestro video.

Planifica un video corto; quince minutos es suficiente para que la gente observe y para que tú planifiques.

Haz una investigación de tu área para identificar tesoros y lugares a donde ir. Es importante hacer esto antes de comenzar a filmar. Haz una lista larga, y luego escoge lo mejor. Si tienes planes de incluir personas en tu video, debes explicarles tu proyecto y pedir su autorización. Algunas personas tal vez no quieran estar en el video, por lo que debes tener suficientes alternativas.

Escribe un bosquejo de tu video; pon cada lugar en el orden que quieres que salgan en el video. Problamente será suficiente si muestras cinco lugares y entrevistas a cinco personas.

"¡Buena suerte, amigos!"

"Ojalá encuentren cosas interesantes."

46

Ahora planifica cada toma; haz una lista de cada toma, con el tiempo que quieres que cada una dure. — Piensa sobre el principio: ¿cómo quieres comenzar el video? Tal vez una toma de la calle principal, o un lugar bien conocido ¿Vas a poner a alguien que le hable a la cámara explicando de qué se trata el video? — ¿Cómo vas a anunciar cada localización? Nuevamente, puedes entrevistar a alguien que explique donde están. — ¿Cómo finalizarás el video? Puedes mostrar los tesoros que encontraste y trajiste contigo.

Ahora tienes que sumar el tiempo; si tienes más de quince minutos, tienes que cortar algo. Ya estás listo para hacer una prueba; filma una parte pequeña del video para ver cómo se ve. También busca sugerencias. Aquí hay algunas ideas generales para la filmación de videos: — siempre mueve la cámara lenta y suavemente; — a menos que tengas mucha experiencia con tomas de primer plano (close-ups), los lentes siempre deben estar bien abiertos; — siempre debes de tener suficiente luz para filmar.

Esto suena un poco complicado, pero es muy divertido. ¡Inténtalo!

"¡Espero que encuentren nuevos amigos!"

"¡Adiós!"

Glosario

Aquí hay definiciones para algunas de las palabras y frases en este libro que tal vez no conoces.

antepasados:
las personas del pasado lejano de las que proviene tu familia, como los abuelos de tus abuelos.

budistas:
personas que en cualquier parte del mundo practican el budismo, una religión principal iniciada por Buda en Asia.

cámara de video:
una cámara de televisión liviana y grabadora de videocasetes.

descendientes:
personas que pueden unir sus familias a una persona o grupo en particular del pasado.

festival:
una reunión de un grupo de personas para celebrar algo, a menudo de modo regular.

generación:
se refiere al tiempo entre el nacimiento de los padres y el de sus hijos. Tus padres representan una generación, y tú eres la siguiente generación.

grupo cultural:
personas que comparten un modo de vida similar, que puede incluir cosas como creencias, costumbres, valores, comidas, artes, lenguaje, etc.

grupos étnicos:
personas que comparten una misma herencia racial, nacional, religiosa y/o idiomática.

herencia cultural:
cosas y costumbres que pasan de generación a generación.

inmigrante:
una persona que deja un país para establecerse en otro.

kosher:
comida que es preparada específicamente de acuerdo a unas reglas religiosas judías.

medallón:
un diseño circular usado como decoración.

prejuicio:
una actitud formada sin suficiente conocimiento o pensamiento previo.

rambutan:
una fruta dulce que crece en climas cálidos.

sortija de *claddagh*:
una sortija irlandesa que representa amor, amistad, y lealtad.

tostones:
rebanadas de plátanos fritos. El plátano es una fruta tropical parecida al guineo.

tostonera:
una plancha de madera que se usa para aplastar las rebanadas de plátanos.